AF249889

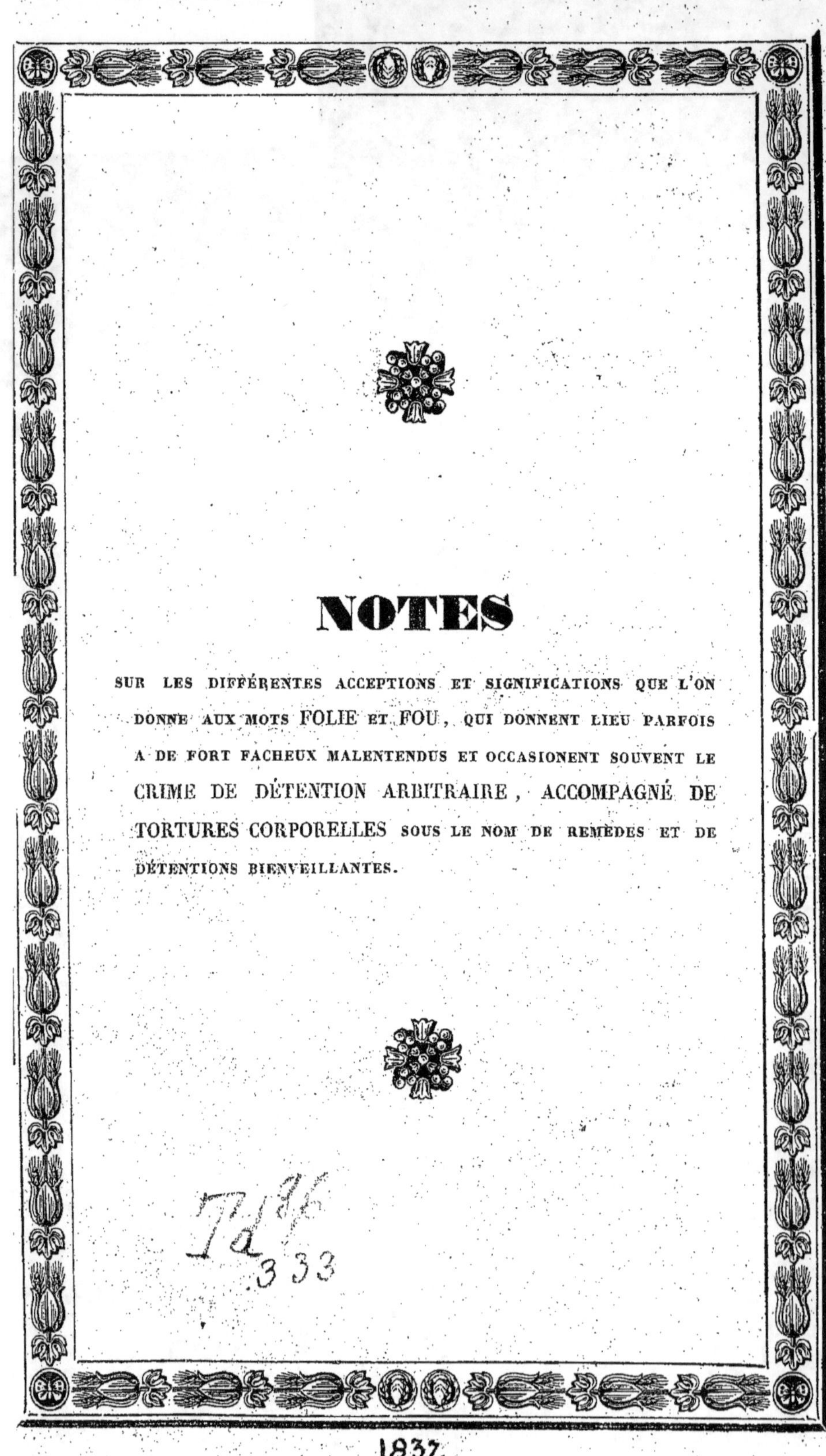

NOTES

SUR LES DIFFÉRENTES ACCEPTIONS ET SIGNIFICATIONS QUE L'ON
DONNE AUX MOTS FOLIE ET FOU, QUI DONNENT LIEU PARFOIS
A DE FORT FACHEUX MALENTENDUS ET OCCASIONENT SOUVENT LE
CRIME DE DÉTENTION ARBITRAIRE, ACCOMPAGNÉ DE
TORTURES CORPORELLES SOUS LE NOM DE REMÈDES ET DE
DÉTENTIONS BIENVEILLANTES.

1837.

NOTES

SUR LES DIFFÉRENTES ACCEPTIONS ET SIGNIFICATIONS QUE L'ON
DONNE AUX MOTS FOLIE ET FOU, QUI DONNENT LIEU PARFOIS
A DE FORT FACHEUX MALENTENDUS ET OCCASIONENT SOUVENT LE
CRIME DE DÉTENTION ARBITRAIRE, ACCOMPAGNÉ DE
TORTURES CORPORELLES SOUS LE NÓM DE REMÈDES ET DE
DÉTENTIONS BIENVEILLANTES.

I.

IL n'y a peut-être pas de mot auquel on ait donné tant de significations ou acceptions différentes qu'à ceux de *folie* et *fou*, ce qui occasione quelquefois beaucoup de confusion et fait attenter souvent par malentendus à la liberté des hommes.

On est fou selon les uns, quand étant âgé on épouse une jeune femme; selon les autres, quand étant riche l'on épouse une personne pauvre ou qu'on continue à travailler, etc. On est fou, selon les libéraux, quand on est carliste; selon les légitimistes, on est fou, quand on est philippiste ou républicain. Beaucoup de dévots chrétiens traitent les Saint-Simoniens de fous, ainsi que les partisans de Brama et d'autres sectes. Il est probable que ceux-ci qualifient du même nom les chrétiens. Les matérialistes et athées, traitent de fous, ceux qui ne croient pas leurs systèmes ; ceux qui croient en Dieu, qualifient volontiers de la même manière les athées et les matérialistes. Les jeunes gens traitent souvent les vieillards de vieux radoteurs et fous, de n'aimer pas la danse, les fêtes et les femmes ; par contre, les vieux s'étendent longuement sur la folie presque générale de la jeunesse. Les gens sobres plaignent les folies que font les gros mangeurs et surtout les gros buveurs, et ceux-ci disent que les premiers sont bien fous de ne pas aimer le vin et de ne pas jouir davantage des plaisirs de la table. Les rois croient les peuples fous, depuis quelque temps, de vouloir des constitutions, et les peuples disent les rois fous de ne pas vouloir en donner. Selon les gens tristes, on est fou quand on est gai, aime les femmes, à chanter et danser ; selon les gens joyeux on l'est quand on est triste, taciturne, mélancolique ou disposé au suicide. Le prodigue est fou de dépenser son argent, l'avare de l'entasser. Enfin les hommes ont en général une grande tendance à voir des fous en tous ceux qui ne sont pas de leur avis, de leur goût, ou de leur opinion sur un ou sur plusieurs points.

Certain médecin a écrit que la *colère* est une courte folie, d'autres personnes ont dit que la rage était une folie ; aussi les Anglais n'ont-ils qu'un mot pour rage et folie, ils disent *mad man* pour un homme fou et *mad dog* pour chien enragé, donnant ainsi au mot *mad* la signification de *fou* et d'*enragé*.

A la bourse toutes les spéculations qui ne réussissent pas sont des folies, en émeutes ou conspirations il en est de même. On dit un tel négociant a fait des folies sur les huiles, sur les 3/6, sur les cotons, etc. Le prince Louis a fait une folie à Strasbourg, etc.

On traite encore de fous, des gens que l'on ne comprend pas bien ou pas du tout, par exemple :

Galilée quand il disait que la terre tournait.

Christophe Colomb quand il parlait en premier lieu d'un nouveau monde qu'il devait y avoir dans l'ouest.

Jésus-Christ et ses apôtres, quand ils parlaient de leur doctrine (qui ne fut pas comprise de suite) et de la grandeur à venir de leur religion.

Je ne sais quel fameux auteur grec, que son fils voulait faire interdire et *dont les ouvrages furent jugés sublimes* par l'aréopage d'Athènes.

Il est probable qu'il y a beaucoup de gens dans toute l'Europe qui sont traités comme fous, incarcérés et horriblement médicamentés, par la principale raison qu'ils soutiennent des choses vraies, que le public plus ignorant qu'eux ou prévenu contre eux, ne croit pas, ce qui les fait passer pour des monomanes insensés , et que plus d'un homme de génie est mort par suite de cette manière d'agir envers eux. Il y a encore beaucoup de gens livrés aux établissemens des médecins comme fous par leurs parens, parce qu'en résumé ils sont sur plusieurs points d'opinions différentes de leur famille, ou veulent faire des spéculations ou alliances désapprouvées par leur famille, ce qui a produit de part et d'autre de l'irritation et des colères réitérées, qui sont selon le système de de quelques médecins des accès de folie.

On dit un homme fou et le traite trop souvent comme tel pendant long-temps , quand il n'a eu qu'une fièvre cérébrale, quand étant ivre il a fait quelque extravagance et quand on lui a fait accroire une fausseté dont il a tiré des conséquences bien naturelles, mais fâcheuses.

Il y a des gens que l'on dit fous, parce qu'ils *ont été fous* dans un temps souvent fort éloigné, ou parce qu'ils ont, dans des momens de colère ou d'enthousiasme, fait une ou plusieurs extrava- gances ou bien *choses jugées telles par ceux qui les entouraient*, et l'on peut s'assurer en repassant le commencement de cet écrit, que ce qui est jugé une action héroïque par un homme de cœur ou un homme ordinaire, est taxé d'extrava- gance et de folie par un poltron ou égoïste. Que ce qui est censé raisonnable en Angleterre, par

exemple : de nier le dogme de la transsubstantia-
tion ou tout autre dogme catholique, est en Espagne une folie qui a fait enfermer et supplicier
bien des individus. Bien des mal-entendus s'élèvent
par les mots que les uns prennent au sens propre
et les autres au sens figuré, et influent sur les ré-
criminations et les épithètes qu'on se donne réci-
proquement. Ce que Jésus-Christ a dit : « Voici
« mon sang et voici mon corps », en montrant
du vin et du pain à ses disciples , fut pris par les
uns au sens propre et par les autres au figuré, et a
été cause des plus violentes disputes que l'on peut
bien à juste raison traiter de folies.

Bien des gens passent pour fous, quoique fort
sains d'esprit, et dans tous les pays du monde,
sont, j'en suis convaincu, tenus enfermés, les uns
parce qu'on craint leur énergie, les autres parce
que ceux qui les ont fait arrêter comme fous , ne
veulent pas en avoir le déboire, parce que les médecins qui les ont traités ne veulent jamais recon-
naître s'être trompés, parce qu'il y a des médecins,
je ne dis pas en France, mais en pays étrangers,
toujours prêts à recevoir dans leurs établissemens
d'aliénés toute personne qui leur est amenée comme folle, soit par ses parens , soit par la police,
et à les détenir ainsi sans jugement et aussi long-
temps qu'il plaît à ceux qui l'ont amenée et qu'ils
payent sa pension, s'établissant ainsi les geôliers

officieux du public, commandans d'espèces de bastilles et souvent inquisiteurs, puisqu'ils tentent bien des fois d'amener, par des supplices qui leur sont particuliers, tels que : coups de bâtons, menottes, chaînes, colliers de fer, gilets de force, douches et saignées, les idées du malheureux détenu qui en sait souvent bien plus qu'eux, à une conformité complète avec les idées de sa famille.

Je connais un moyen de faire passer tout homme pour fou, même aux yeux du médecin auquel on le livre, ainsi qu'aux yeux des infirmiers ou gardiens qui les soignent; mais comme on pourrait abuser de ce procédé, qui est très-facile, de la manière la plus coupable et la plus épouvantable pour l'humanité, je n'en parlerai jamais qu'à des gens de l'honnêteté et de l'humanité desquels je croirai être sûr. Il est aussi extrêmement facile de faire devenir réellement fou à lier quelqu'un dont on s'empare violemment. C'est une chose dont il ne faut pas trop parler non plus, de crainte d'abus contre la liberté individuelle.

Il est en général entendu que les fous doivent être enfermés, et en disant, un tel est fou, et en alléguant quelques propos isolés, tenus par lui, ou des actions suspectes, que l'on choisit en les isolant et les séparant des précédens et des motifs de celui qui en est l'auteur, et qui a souvent intérêt à ne pas les divulguer, il passe réellement pour fou , personne ne doute qu'il ne soit bien dûment enfermé, on plaint le malheureux et il y est souvent pour la vie , personne ne s'occupant plus de lui sans prévention comme il faudrait. On n'entre pas dans des détails sur le genre de folie dont on l'accuse , on n'examine pas assez si c'est un genre de folie pour lequel il devrait être enfermé ou non. Il est fou, dit-on, cela suffit. On ne devrait pas enfermer les personnes ayant des aberrations d'esprit , qui ne font de mal à personne : ni celles qui n'ont que des monomanies inoffensives pour la société : mais, la fausse honte des familles, leurs inquiétudes outrées , leur peur de voir entamer leur fortune par une fausse spéculation d'un parent, la crainte que quelque jour le prétendu fou se suicide , l'envie de s'assurer un héritage à venir qui pourrait leur échapper , celle de voir leur parent faire une alliance qui leur déplaît et beaucoup d'autres choses pareilles, font incarcérer des gens sains d'esprit avec les insensés, et leur font appliquer de prétendus remèdes qui souvent les tuent. Il faut remarquer que cela fait appliquer des peines en France pour des faits pour lesquels le code pénal n'en prononce aucune, par exemple : un homme, dans un moment de désespoir, attente à ses jours ; il n'y a aucune peine prononcée pour ce fait par nos lois, eh bien! en pareil cas, souvent les parens dans l'idée d'empêcher cela de se renouveler , infligent à ce malheureux la détention qu'ils prolongent jusques à la fin de ses jours , lui faisant par là supporter mille fois plus de tourmens que la mort , qu'il ne se serait probablement pas donnée , car les momens de désespoir ne reviennent pas tous les jours ; mais la famille est tranquille , et il y a des personnes qui croyent que c'est un motif suffisant pour qu'on *supplicie le prévenu par une incarcération pour la vie.*

Que de fois on a dit dans une maison de santé ou hospice une homme fou parce qu'il parlait raisonnablement , mais abondamment et avec énergie ; à ce compte tous les fameux orateurs seraient fous , surtout quand ils sont en verve ; la même chose d'un homme qui dit de dures vérités à ceux qui l'entourent ; là on dit encore fou un homme qui a de l'audace , se fondant, dans ce cas comme dans les autres, sur ce qu'il a le sang à la tête , ou sur ce que son pouls bat fortement ; mais presque tout ce qui se fait de grand , de noble et de courageux, se fait avec enthousiasme, et combattre l'enthousiasme des belles choses et des actions nobles et héroïques , sont des choses blâmables , et même coupables. Croit-on que les victoires et conquêtes des Français dont nous sommes si fiers, auraient eu lieu avec des militaires que l'on aurait saignés et chargés de chaînes chaque fois qu'ils avaient de l'enthousiame , le sang à la tête, le pouls agité, étaient en un mot fou *selon le langage des médecins d'aliénés*, et qu'on eût combattu ces symptômes avec des douches, gilets de force et autres prétendus remèdes de cette nature? Ce sont ces symptômes qui ont poussé les hommes aux grandes choses et les ont fait accomplir, et entre autres les trois journées ; les acteurs étaient irrités, agités, avaient le sang à la tête et le pouls de tous les combattans battait avec redoublement, on ne peut en douter.

Je suis bien convaincu de ce que je dis au sujet de beaucoup de personnes saines d'esprit, qu'on croit folles par une ou plusieurs des raisons énoncées, et que par suite on incarcère et soumet à des tortures corporelles, ou prétendus remèdes qui les font devenir quelquefois réellement folles. *On n'est pas dans le public généralement assez pénétré de cette vérité*, et beaucoup de médecins se vantent d'avoir guéri des fous qui n'étaient pas difficiles à guérir, parce qu'ils étaient *sains d'esprit* et parfaitement conséquens dans leurs propos et dans leurs actions : c'était le médecin qui se trompait ou que l'on avait trompé, en attribuant au patient des monomanies qui étaient des choses naturelles, ou des opinions bien fondées, en disant, par exemple, au médecin, cet homme a la monomanie de croire qu'un tel n'est pas son enfant, voilà pourtant son extrait de naissance qui le prouve. Cela est bien devant la loi ; mais un mari sait souvent davantage que la loi là-dessus, quand par exemple sa femme accouche tandis qu'il n'a pas cohabité avec elle depuis un an , etc.

Quand un homme a été pris pour fou il y a beaucoup de gens prévenus contre lui , et intéressés à faire croire à la réalité de sa folie, de crainte d'être taxés d'aveuglement, d'erreur, de cruauté, etc. Ils ne cessent alors d'embrouiller toutes les questions qui s'y rattachent, d'altérer tous les faits et de mentir, et le pauvre prétendu fou, de crainte de quelque nouvelle incarcération, ne voit souvent de salut qu'en reconnaissant que tous ceux qui ont aidé à le faire détenir, à le maltraiter et médicamenter ont bien fait, malgré sa conviction du contraire. Ceci va devenir sensible par un exemple : supposez qu'un pauvre curé ou ecclésiastique subalterne en Espagne , ait expliqué il y a quelques années un passage de l'Écriture Sainte ou un dogme autrement que ne l'explique l'église catholique ; qu'il soit convaincu de la bonté de son explication , ce sera son opinion fondée sur plusieurs raisons ; qu'il ait énoncé cette opinion avec chaleur à un ecclésiastique supérieur ; que celui-ci voyant là-dedans une hérésie prête à se former, l'ait accablé là-dessus de reproches , de réprimandes , de vexations même, qu'il s'en soit suivi une dispute entre eux avec voies de fait réciproques, que le supérieur ait eu le dessous lors de la survenance de témoins qui auraient vu les voies de fait du subalterne ; que là-dessus le supérieur (fort de ce qu'avaient vu les témoins) eût déclaré que le subalterne venait de devenir fou sans entrer en beaucoup d'explications, et l'eût livré à un médecin tenant maison d'aliénés, en lui disant que ses principales monomanies, ou folies, sont de discuter sur tel passage de la bible ou sur tel dogme, de lui donner une explication fausse, de se mettre en fureur, etc., etc.

En Espagne on n'était que trop porté à déclarer fou tout hérétique, surtout quand on ne voulait pas le livrer à l'inquisition. Que fera le médecin espagnol ? Imbu des préjugés de son pays, il traitera le prétendu malade par les douches et les saignées, celui-ci se voyant traiter ainsi pour une affaire d'opinion, croira qu'on en veut à ses jours, se défendra, donnera des coups avec tout ce qui pourra lui tomber entre les mains ; de nombreux gardiens lui tomberont alors dessus, diront qu'*il est fou à lier* et l'enchaîneront, et par suite on le médicamentera davantage, surtout quand il parlera de l'explication du passage ou du dogme en question, parce qu'alors on dira que sa manie lui revient. Si sa constitution résiste à ce traitement assez pour ne pas succomber, il se dira enfin, mais on me tuera parce que je soutiens telle opinion, il faut avoir l'air d'y renoncer pour faire cesser les supplices qu'on me fait souffrir , il mettra cette idée à exécution et cessera d'en parler, l'application des prétendus remèdes se ralentira. Encouragé par ce succès, le patient poussera naturellement la chose plus loin dans l'espoir de les voir cesser tout-à-fait, il ira jusques à dire d'abord qu'il doute de l'explication qu'il donnait, ensuite qu'il reconnaît qu'il était dans l'erreur , le médecin le trouvera alors mieux, les violences de part et d'autre cesseront, le patient verra alors jour à recouvrer la liberté en flattant le médecin , ses infirmiers et son supérieur, en leur disant combien ils sont habiles , bienfesans , combien il leur a d'obligations de lui avoir fait recouvrer la raison, de l'avoir guéri, que le dogme est bien évidemment comme l'explique l'église , etc. Ses flatteries et dires ayant l'effet désiré, tous les auteurs de l'arrestation et du traitement absurde du prétendu fou , ne voyant plus aucun inconvénient pour eux à relâcher le patient, le voyant au contraire disposé à faire leur éloge et à les élever aux nues dans l'opinion du public , le mettent enfin en liberté; tandis que si le patient avait dit ce qu'il continue à penser tant de son dogme que de l'absurdité de ceux qui l'ont traité , il restait enfermé pour la vie.

Le pauvre libéré trop content d'avoir recouvré sa liberté, se rappelant ce que la querelle lui a fait supporter, n'est pas disposé à recommencer une lutte avec ces gens, qui de leur côté, sont persuadés l'avoir guéri; le pauvre curé reconnaît leur mérite et, dans sa frayeur, qui n'est pas encore passée, va jusques à vanter leur manière d'agir, leur bonté, leur habileté, leurs nombreuses connaissances etc., de crainte de quelque nouvelle détention de leur part. C'est une véritable comédie, mais que dis-je? C'est plutôt *tragique* en considérant qu'on pouvait le tuer, *qu'on tue souvent des hommes comme cela*, en considérant les souffrances qu'aura supportées le prétendu fou et celles que sa dissimulation prépare à d'autres, en donnant au public confiance dans le médecin que l'on croit de bonne foi avoir guéri un fou.

Par ce qui précède, on peut conclure:

1° Qu'on donne au mot *folie* des acceptions si variées qu'il signifie des choses désirables comme la gaîté, le courage, l'enthousiasme du bien, et des choses bien lamentables comme de véritables aberrations et dérangemens d'esprit: qu'on le donne aussi à des choses fort raisonnables mais non comprises.

2° Qu'il naît de là une confusion déplorable d'idées dans le public sur les gens que l'on nomme fous, de nombreuses erreurs et actes arbitraires de la part de leurs parens et des médecins.

3° Qu'il s'ensuit souvent le crime de séques-
tration arbitraire de personnes avec tortures corporelles, appliquées sous le nom de chaînes,
douches, gilets de force, colliers de fer et saignées
par des gardiens prévenus, ignorans, grossiers
et non assermentés, au grand détriment de la
liberté et de l'humanité, et encore fréquemment
la mort de détenus sains d'esprit.

4° Que ces vérités importantes ont grande
peine à se faire jour et que par conséquent tout
le monde, et notamment les magistrats, ne sau-
raient y porter trop d'attention et trop contrôler
les actes des parens des personnes détenues, pour
ou sous prétexte de dérangemens d'esprit, ainsi
que les actes des médecins tenant maisons de
fous.

Cet article étant rédigé d'après d'intimes con-
victions, son auteur recommande aux profonds
penseurs de le méditer, de prendre des renseigne-
mens et d'appeler l'attention des autorités sur
toutes détentions suspectes qui viendront à leur
connaissance. Ils feront par là beaucoup pour
la liberté individuelle et pour l'humanité.

Il serait à désirer, à l'occasion de la loi sur les
aliénés actuellement en discussion devant la Chambre des Pairs, qu'elle y introduisît quelques amen-
demens de protection, non contre les préfets et
maires qui ne sont pas du tout effrayans pour

la liberté individuelle et l'humanité, mais contre les familles égarées des aliénés ou prétendus aliénés, et contre les médecins auxquels la rédaction de la loi de la Chambre des Députés donne dans le fait le droit d'arrestation, de mise au secret et surtout de retention de leurs malades, puisque tout doit se faire d'après leurs certificats et rien ne doit se faire sans attestations de leur part, et que les visites en cas de doute doivent être faites *par trois hommes de l'art*, par où on entendra des médecins, sans doute à tort, car des administrateurs et des magistrats seraient tout aussi capables de juger si un homme est ou n'est pas dans son bon sens, que des médecins; et mériteraient conséquemment tout autant le nom *d'hommes de l'art* pour cet objet.

La protection la plus efficace contre les erreurs serait l'obligation imposée à des surveillans non médecins, d'examiner très-souvent les détenus chacun en particulier, et de dresser des procès verbaux détaillés des examens.

E.

MARSEILLE. Typographie des Hoirs FEISSAT aîné et DEMONCHY, Imprimeurs de la Ville et du Commerce, rue Canebière, n° 19. — 1837.